A mis nietos
—M. E.

A mi padre, que cerró los ojos y escuchó
—R. L.

A mi hijo, Milo, por sus manos que bailan
—A. R.

AGRADECIMIENTOS:

Agradezco a Dios por la reconfortante belleza de las artes.
Los siguientes recursos fueron especialmente útiles:
Archives and Special Collections Library, Vassar College;
Teresa Carreño, "By the Grace of God", de Marta Milinowski;
Centro Cultural Teresa Carreño, Caracas, Venezuela;
y lapaginadeteresa.blogspot.com.
Estoy profundamente agradecida a mi esposo,
Curtis Engle, y al resto de nuestra familia;
a Michelle Humphrey, mi maravillosa agente;
a Reka Simonsen, mi fabulosa editora;
a Rafael López, ilustrador espectacular;
y a todo el equipo editorial
de Atheneum/Simon & Schuster.

ATHENEUM BOOKS FOR YOUNG READERS

Un sello editorial de la División Infantil de Simon & Schuster
1230 Avenida de las Américas, Nueva York, Nueva York 10020
© del texto 2019, Margarita Engle
© de las ilustraciones 2019, Rafael López
© de la traducción 2021, Simon & Schuster, Inc.
Traducción de Alexis Romay
Diseño del libro: Semadar Megged © 2019, Simon & Schuster, Inc.
Todos los derechos reservados, incluido el derecho de reproducción total o parcial en cualquier formato.
ATHENEUM BOOKS FOR YOUNG READERS es una marca registrada de Simon & Schuster, Inc. El logo de Atheneum
es una marca registrada de Simon & Schuster, Inc.
Para obtener información sobre descuentos especiales para compras al por mayor, por favor póngase en contacto
con Simon & Schuster Ventas especiales: 1-866-506-1949 o business@simonandschuster.com.
El Simon & Schuster Speakers Bureau puede traer autores a su evento en vivo. Para obtener más información o para
reservar a un autor, póngase en contacto con Simon & Schuster Speakers Bureau: 1-866-248-3049 o visite nuestro
sitio web: www.simonspeakers.com.
El texto de este libro usa la fuente Caecillia.
Las ilustraciones para este libro fueron creadas con técnica mixta (acrílico sobre madera, pintada con palitos y otras
herramientas; acuarela; papel de construcción; pluma; y tinta), y luego montadas digitalmente.
Fabricado en China
0523 SCP
Primera edición en español mayo 2021
10 9 8 7 6 5
Los datos de catalogación se pueden adquirir en la Biblioteca del Congreso.
ISBN 978-1-5344-8213-5 (tapa dura)
ISBN 978-1-5344-9474-9 (rústica)
ISBN 978-1-5344-8214-2 (edición electrónica)

MANOS QUE BAILAN

CÓMO TERESA CARREÑO TOCÓ
EL PIANO
PARA EL PRESIDENTE LINCOLN

MARGARITA ENGLE **RAFAEL LÓPEZ**

TRADUCCIÓN DE ALEXIS ROMAY

A
atheneum

Atheneum Books for Young Readers

Nueva York   Londres   Toronto   Sídney   Nueva Delhi

CUANDO TERESA
era una niña en Venezuela,
su mamá le cantaba nanas
mientras su papá le enseñaba a Teresita
a dejar que sus alegres manos bailaran
a lo largo de las hermosas teclas oscuras
y claras del piano.

Al principio, hacer música parecía algo mágico,
pero Teresa pronto aprendió que tocar el piano
podía ser un trabajo arduo. A veces tenía que esforzarse mucho
para que la testaruda música se comportara como era debido
mientras practicaba canciones suaves
que sonaban como pájaros coloridos
que cantaban entre las ramas oscuras y claras
de una mata de mangos bañada por la sombra…
y canciones poderosas que rugían
como jaguares al acecho, junto a cascadas imponentes
en una misteriosa selva verde.

Si Teresa se sentía triste, la música le levantaba el ánimo,
y cuando estaba feliz, el piano la ayudaba
a compartir esas explosiones de dicha.
Para cuando cumplió los seis años,
escribía sus propias canciones, y a los siete
tocó en la pacífica capilla
de una magnífica catedral unos himnos
que centelleaban como los colibríes.

La música era el deleite de Teresita pero, de repente,
cuando cumplió los ocho años, una guerra lo cambió todo.
Las armas de fuego tronaban, las espadas destellaban
y su pobre papá tuvo que sacar a toda la familia
a la carrera hasta la costa y montarse en un barco,
rumbo a una tormenta en la que el viento aullaba,
las olas rompían, los barriles daban tumbos, las sogas crujían
y las nubes daban coces y patadas a través del cielo salvaje
cual si fuesen mulas enfurecidas.

Para el momento en que el barco
llegó a Nueva York,
Teresa se sentía perdida. Añoraba su hogar.
¿Cómo iba a poder tocar canciones felices de nuevo
en este país extranjero
en el que no conocía
ni un amigo?

Poca gente hablaba español y, a su alrededor,
curiosos desconocidos los miraban fijamente y susurraban,
como si toda la familia perteneciera
a un museo
de cosas raras.

Y lo peor es que también había una guerra aquí
—la horrible Guerra Civil—, el Norte peleaba contra el Sur
mientras los soldados marchaban y los niños que vendían periódicos
anunciaban a gritos las victorias, las derrotas, los funerales
y los miedos…

Sin un piano nuevo,
Teresa se habría sentido incluso aún más sola,
pero pronto descubrió que dondequiera que uno esté,
alguna gente es amistosa y se reúne
mediante las canciones.

Los músicos iban a su casa
y tocaban al compás mientras escuchaban
las notas resplandecientes
de sus manos bailadoras.

Decidida a mejorar, Teresa ensayaba
elegantes valses y sonatas,
sinfonías estridentes y animadas
canciones folclóricas,
con sus manos fuertes que aceptaban el desafío
de los tantos estados de ánimo sombríos y
alegres de la vida.

La gente comenzó a llamarla la niña del piano.
Su foto estaba en el periódico
y en los carteles que anunciaban conciertos
en los que tocaba con grandes orquestas
que la invitaban como solista.

Teresa triunfó en teatros inmensos
en los que los niños aplaudían y vitoreaban
mientras sus padres se ponían de pie y le tiraban rosas.

Con su papá a su lado, viajó
a ciudades elegantes y para cuando cumplió los diez años,
la niña del piano era tan famosa que recibió
invitaciones increíbles, incluida una tan especial
que ella casi no podía creer lo que veían sus ojos:
¡el presidente Abraham Lincoln quería que tocara
para toda su familia en la Casa Blanca!

Pero el país todavía seguía en guerra, así que Teresa
llegó a Washington, DC, al tiempo
que los esclavos liberados se apuntaban para ser soldados,
los heridos gemían y las enfermeras se quejaban
del puro agotamiento de tener que curar
tantas fiebres
y heridas.

No hacía mucho que el joven hijo del presidente
se había enfermado y había muerto.
Los hombres discutían sobre batallas perdidas, batallas ganadas,
discursos pronunciados, una victoria pospuesta…
Teresa comenzó a preocuparse:
¿cómo la música iba a aliviar
tantos problemas?

¡Pobre Abraham Lincoln!
Teresa tenía la esperanza de poder entretener al presidente,
a su afligida esposa y sus dos hijos sobrevivientes.
Sus dedos podían trabarse
y los ritmos surgirían
demasiado lentos
o demasiado rápidos.

Pero Teresa era valiente y creía
en hacer el mejor esfuerzo,
así que entró a la Casa Blanca en silencio,
agarrándose con fuerza de la mano de su papá
mientras se adentraban
a una habitación tan roja que parecía una
tormenta o un amanecer.

Teresa recordó qué se sentía al ser
un refugiado sin hogar, y lo sola que había estado
rodeada de desconocidos, algunos groseros
y otros amables.

La memoria de haber superado desafíos pasados
ahora ayudó a que sus dedos bailaran, celebrando el modo
en que la vida había resultado ser una mezcla de toda suerte de sentimientos,
alegres y tristes. Pero el piano estaba desafinado
y hacía que su música sonara fea. ¿Qué iba a hacer?
¿Negarse a tocar?

Se detuvo, desalentada, hasta que el señor Lincoln
sonrió amablemente y pidió su canción favorita:
"Escucha al ruiseñor".

Teresa sabía que podía tocar esa pieza animada
incluso en un piano imperfecto, así que sus dedos
saltaron a lo largo de las gloriosas teclas oscuras y claras,
improvisando como lo hacen los ruiseñores, cambiando la melodía
mientras la tocaba. La música giró,
se arremolinó y se elevó en las alas del sonido.

El presidente
escuchó tranquilamente
las notas que se alzaban,
oscilaban, formaban ondas
y se tiraban en picado como
un pájaro en el cielo azul
sobre un bosque verde.

Cerró los ojos, asintió con la cabeza,
estiró sus largos dedos y dio golpecitos rítmicos
en las puntas de sus zapatos lustrados.

Cuando la alegre canción terminó,
Abe Lincoln se puso de pie y aplaudió,
sonriéndole a la niña del piano, quien también sonrió,
pues sabía que su música
le había traído consuelo a una familia afligida,
al menos por una breve noche maravillosa
de manos bailadoras.

A partir de ese momento,
Teresa se sintió segura
de que siempre iba a ser lo suficientemente valiente
para compartir su coraje musical
en cualquier parte del mundo,
tan solo con dejar que sus dedos viajaran
a lo largo de todos los hermosos
momentos
oscuros y claros
de esperanza.

NOTA HISTÓRICA

María Teresa Carreño García de Sena (1853–1917) nació en una familia musical en Venezuela. Su padre era un político y fue el pianista aficionado que le enseñó a tocar el piano. Para cuando cumplió los seis años, ya componía su propia música y pronto comenzó a tocar en público. En 1862, una revolución obligó a su familia a exiliarse. Después de que se asentaron en Nueva York, Teresa tocó en el Irving Hall. Recibió varias lecciones de piano de Louis Moreau Gottschalk y, en 1863, fue publicada su composición original *Gottschalk Waltz*. Tocó de solista con la Filarmónica de Boston y viajó a Cuba, en donde tocó y fue aclamada por el público.

En el otoño de 1863, Teresa recibió una invitación a tocar para el presidente Abraham Lincoln. Él ya había liberado a la gente esclavizada con su Proclamación de Emancipación y la Unión había triunfado en Gettysburg. Entristecido por la muerte de su hijo Will y preocupado por el futuro de la nación, Lincoln frecuentemente buscaba consuelo en actuaciones musicales, que incluían conciertos de Gottschalk, el maestro de Teresa Carreño.

Después de su concierto en la Casa Blanca, Carreño dio una gira por Europa en la que tocó para los famosos compositores Gioachino Rossini y Franz Liszt. Giras posteriores la llevaron por todo el mundo, incluidas Australia, Nueva Zelanda y Sudáfrica. Solo regresó a Venezuela una vez, porque sus compatriotas la miraban con malos ojos, escandalizados por su espíritu independiente que la hizo divorciarse tres veces antes de encontrar la felicidad con su cuarto esposo.

Teresa Carreño se dio a conocer como compositora y cantante de ópera, así como una de las mejores pianistas de su era, capaz de tocar con una intensidad tal que los miembros de la audiencia decían que podían escuchar el poder de la naturaleza tropical en su música. Se asentó en Berlín, pero regresó a Nueva York durante la Primera Guerra Mundial. Sus restos, sus atuendos, su piano y muchos de sus documentos, con el tiempo, fueron devueltos a Venezuela, en donde es recordada como La Leona del piano.